AF267915

CLÉRICAUX

ET

LIBRES PENSEURS

CLÉRICAUX

ET

LIBRES PENSEURS

CONSIDÉRÉS

AU POINT DE VUE GOUVERNEMENTAL

PAR

M. BERTHOLLET DE FRARIÈRE

Prix : 75 cent.

PARIS

IMPRIMERIE ANTONIO AZUR ET Cie

90, boulevard Montparnasse, 90

—

1873

CLÉRICAUX

ET

LIBRES PENSEURS

CONSIDÉRÉS

AU POINT DE VUE GOUVERNEMENTAL

Et d'abord, qu'est-ce qu'un libre penseur ?

Cette désignation fort à la mode aujourd'hui, est néanmoins tout à fait arbitraire ; elle ne représente pas même ce que signifie en réalité cette expression.

On peut dire qu'il en est de même de celle de clérical qu'on se plaît à lui opposer. L'une et l'autre sont fort mal comprises par ceux qui s'attribuent la première comme une distinction, et par les cléricaux qui repoussent cette appellation à l'égal d'une grossière injure.

Celui qui se dit libre penseur se figure, en effet, que cette désignation lui prête une certaine indépendance de caractère, une supériorité intellectuelle qui l'élève au-dessus du vulgaire. De là vient l'espèce de mépris qu'il affecte en parlant des cléricaux.

Or, qu'y a-t-il de fondé dans les prétentions des premiers et d'humiliant dans l'épithète dont on gratifie les seconds?

C'est ce que je me propose d'examiner avec une égale impartialité.

On sait que le mot clérical procède de clergie, vieille expression qui signifiait belles-lettres, sciences, soit lettré, savant, dont on honorait jadis les gens instruits.

L'origine du mot clérical devrait donc prêter à celui qui le porte, une partie du respect que l'on doit à l'homme qui cultive à la fois la littérature et les sciences.

Mais ce n'est point l'interprétation que lui donne le libre penseur, c'est-à-dire celui qui se pare de ce titre sans y avoir ancun droit et sans même se rendre compte de sa valeur et de sa portée; car dans l'antiquité, le libre penseur était celui qui, n'obéissant ni à l'ambition ni à l'intérêt personnel, ni à la crainte, mais à de fortes et puissantes convictions, savait braver la mort plutôt que de renier sa foi.

Aujourd'hui le titre de libre penseur a une signification tout autre, dont la portée est fatale, désolante. On entend par ce mot un esprit irréligieux, souvent immoral, dont le jugement faussé par l'éducation, est altéré, perverti; de sorte qu'il ne saurait plus s'élever au-dessus d'un matérialisme grossier, d'un réalisme rebutant. Il ne peut plus comprendre les enseignements de l'ancienne philosophie, comment pourrait-il donc atteindre à de plus sublimes hauteurs? Aussi, n'y pouvant parvenir, il ne lui reste qu'un seul moyen de combattre les grandes vérités de la religion; vérités entrevues même par quelques-uns des philosophes de l'antiquité païenne, dont l'humanité se glorifie le plus : c'est de les nier, rôle trop aisé à remplir pour n'avoir pas été saisi avec empressement par la foule des soi-disant libres penseurs. Et pourtant, il en est parmi eux qui ont la prétention de régénérer le monde!..

En vérité, cela fait pitié.

L'homme qui repousse toute croyance positive est semblable au téméraire qui s'est aventuré sur le vaste océan sans guide, sans boussole. Sait-il vers qu'elle plage le transportera sa nacelle? Peut-être ira-t-elle se briser contre quelque rocher. Dans certains moments de crainte, de découragement, il voudrait rentrer au port dont il est imprudemment sorti, mais il est rare qu'il y parvienne; car à peine est-il en pleine mer, qu'il se trouve enveloppé d'épais brouillards qui lui dérobent à la fois la vue de la terre et du ciel : et la mort vient souvent le surprendre sans qu'un rayon d'espoir puisse en adoucir les horreurs.

On voit qu'il n'y a pas de quoi s'enorgueillir d'appartenir au fameux diocèse dont M. Sainte-Beuve s'était déclaré le chef.

Quant à l'athée, proprement dit, il serait absurbe de le classer au nombre des libres penseurs. Privé de ce sens intime qui est à l'âme ce que la vue et l'ouïe sont au corps, c'est un être incomplet; un infortuné qu'on doit plaindre et loin de s'irriter de ses négations, nous devons éprouver pour lui ce sentiment de profonde compassion que nous ressentons en présence de ces êtres disgraciés de la nature, auxquels il n'a pas été donné d'entendre les harmonies de la création, ou d'entrevoir ses splendeurs.

Oh ! l'athée est doublement à plaindre, car il ne saurait comprendre le but de son existence et sa vie s'écoule comme un jour sans lendemain. C'est cette perspective du néant qui fait que l'athée ne craint pas de se livrer à tout les excès, puisqu'il n'est retenu par aucune considération d'avenir. Il lui faut des jouissances à tout prix, dussent elles hâter sa fin. Et, lorsque la fortune avare lui refuse les moyens de se les procurer honnêtement, pourquoi hésiterait-il à se les procurer par la ruse ou la violence?

Aussi, l'athée ne saurait jamais inspirer la moindre confiance et sera-t-il toujours considéré comme un étranger auquel il serait absurbe de se fier.

Parmi les athées, il en est pourtant qui remplissent jusqu'à un certain point les devoirs que l'humanité nous impose ; ils obéissent en cela machinalement ou instinctivement au cri de leur conscience qui ne perd jamais entièrement son pouvoir, mais c'est en vain qu'elle les avertit de songer au redoutable avenir qui les attend : sur ce point ils demeurent sourds et aveugles et comme déjà plongés dans ce néant qu'ils invoquent, malgré l'effroi secret dont il ne peuvent se défendre.

L'athée ne pouvant donc être placé au nombre des libres penseurs, comme on le prétend communément, et comme il se le figure lui-même, cherchons parmi cette foule d'incroyants qui se glorifient de cette désignation équivoque, comme d'un titre d'honneur et une preuve de supériorité.

Peut-il se dire libre penseur celui qui s'est affilié à l'une ou l'autre de ces sociétés secrètes, si puissantes aujourd'hui, grâce aux avantages qu'en retirent quelques-uns de leurs membres, aux dépens de leurs frères, dont ils se servent comme d'un marchepied pour arriver à la fortune, au pouvoir, aux honneurs ?

Non, certes, car celui qui s'affilie à une de ces redoutables sociétés, le fait ordinairement dans l'espoir d'en tirer un avantage quelconque; et s'il brave dans ce but la défense formelle de l'Eglise, c'est qu'il se figure donner par là une preuve d'indépendance et de liberté.

Or, la seule preuve qu'il donne est celle d'une

grande faiblesse de caractère, puisqu'il ne sait pas résister aux séductions dont on a su l'environner. Quant à sa liberté dont il se montrait si fier et si jaloux, il l'a échangée contre des chaines qu'aucune puissance humaine ne pourra briser, comme on le verra bientôt.

Mais, ils sont donc bien grands, les avantages que se promettent les téméraires qui osent s'affilier à des sociétés dont le but final est un mystère pour eux, même après leur initiation, car il n'y a que les chefs suprêmes qui parviennent à le connaître, et encore après de longues et fortes épreuves.

Ces avantages sont de diverses natures, selon la position, les aptitudes et le degré d'ambition de chacun des initiés. Les plus modestes se contentent de l'appui de la société dans certaines circonstances de la vie, car celle-ci se fait gloire de protéger surtout les nouveaux affiliés. Beaucoup se laissent donc séduire par l'espoir d'obtenir une petite place dans le commerce, l'industrie, les administrations publiques et particulières : un accueil favorable des frères, quand ils sont en voyage. Ceci concerne particulièrement les commis-voyageurs et certains ouvriers.

Il en est de plus ambitieux. Ceux-ci moins scrupuleux et peut-être plus habiles que les autres parviennent quelquefois aux plus hautes dignités.

Sans autre mérite que l'appui de la société dont ils sont membres, on les voit s'élever comme par un pouvoir magique de la position la plus précaire à la situation la plus enviée aujourd'hui. Il en est qui deviennent ministres, ambassadeurs, président de république, rois ou empereurs. On leur fraie le chemin, il est vrai; on les conduit, comme par la main; on emploie dans ce but tous les moyen que l'intrigue, la ruse peuvent suggérer!... Mais c'est à la condition de servir les intérêts de la société qui les a si puissamment aidés; d'employer les richesses, l'influence, le pouvoir dont ils disposent en faveur de *leurs frères*, et enfin de favoriser, à l'exclusion de toute autre, l'œuvre à laquelle ils ont juré solennellement de consacrer la puissance qu'on déposait entre leurs mains. Le triomphe de cette œuvre devant être le principal objet de chacun des membres de la société.

Or, comment les nations pourraient-elles être libres, heureuses, prospères, quand celui qui les gouverne est esclave?

N'est-ce point là, du moins en partie, la cause du malaise général dont l'Europe est tourmentée; car on sait que la plupart des souverains qui règnent aujourd'hui, sont affiliés à l'une ou l'autre de ces fatales sociétés.

Or, on peut dire, avec une entière certitude, que les peuples régis par ces esclaves couronnés, ne jouiront jamais d'une vraie liberté.

Pour être libre dans ses alliances, sa politique comme dans ses affaires intérieures; pour compter sur une paix glorieuse, une prospérité réelle, un peuple doit absolument repousser tous chefs du gouvernement appartenant ou ayant appartenu à une société secrète quelconque.

Si Louis-Napoléon, dont l'ambition immense avait faussé le jugement, ne s'était pas lié irrévocablement à la société dont Mazzini était l'un des chefs; s'il n'avait pas ainsi sacrifié à la fois son honneur et sa liberté dans l'espoir d'obtenir l'appui de cette société, la guerre d'Italie n'aurait pas eu lieu, et il aurait pu régner en France paisiblement et peut-être glorieusement.

On sait que ce prince, parvenu au trône autant par les efforts de la société à laquelle il s'était affilié, que par ceux du clergé qu'il trompait, en lui promettant de rendre à l'Église catholique non-seulement son chef, qui avait dû s'enfuir de Rome, mais la sécurité et l'indépendance dont elle ne saurait se passer ; on sait, dis-je, que Napoléon empereur hésita longtemps à remplir l'engagement qu'il avait contracté envers Mazzini et ses associés, de délivrer l'Italie de la domination autrichienne.

Mais ses *maîtres* lui firent comprendre qu'on n'élude pas ainsi les obligations volontairement contractées.

Aussi, dès qu'il fût solidement établi sur le trône de France, Mazzini lui fit savoir qu'un plus long retard pourrait lui devenir fatal ; et peu de temps après commença cette longue série d'attentats contre sa personne, dont la dernière fut l'exécrable tentative d'Orsini, près des marches de l'Opéra. Napoléon et l'impératrice échappèrent comme par miracle, mais il y eut de nombreuses victimes. Cette fois toute hésitation cessa, et la guerre d'Italie fut résolue sans attendre de nouvelles sommations.

Or, si un homme, parvenu au faîte de la puissance se voit contraint d'obéir aux injonctions de ces ténébreuses sociétés, comment un simple particulier pourrait-il enfreindre les ordres qu'on jugerait à propos de lui donner, lors même qu'on exigerait de lui des actes contraires à sa conscience, à ses convictions et même aux intérêts de sa famille!

Jeunes gens qui êtes libres encore, ne vous laissez pas séduire par les brillantes promesses qu'on pourrait vous faire; songez qu'une fois lié, c'est pour toujours, qu'aucun divorce n'est possible, que vous le vouliez ou non, vous appartenez désormais à une société dont vous ne connaissez pas le véritable but.

Quant aux moyens de contrainte dont elle peut faire usage envers ceux qui se montreraient rebelles à ses ordres, ils sont aussi nombreux que redoutables.

Réfléchissez donc sérieusement aux conséquences de l'acte qu'on exige de vous, et que l'espoir d'obtenir la protection des puissants membres de cette société ne vous séduise pas, car rien au monde ne pourra jamais compenser la perte de votre indépendance, de votre liberté.

Une des conditions qui importent le plus à notre bonheur, c'est de ne pas se préparer à des regrets,

même en ne considérant que notre existence ter-
restre. Or, dites-vous bien que s'il ne s'agissait
que d'une chose honnête, bonne et utile, telle que
de venir en aide à de plus malheureux que soi, on
ne réclamerait pas de vous un serment qu'on vous
fera prêter environné de mystère, et avec un appa-
reil plein de solennité, afin que cette circons-
tance demeure à jamais gravée dans votre mémoire.

Un de nos romanciers les plus célèbres, a parfaitement décrit la terrible puissance que cette société peut exercer sur chacun de ses membres.

Comme cette espèce de révélation était de nature
à inspirer de justes craintes, sur leur avenir, à
ceux qui en font partie, l'auteur a su rejeter sur
une autre société, dont le but est entièrement op-
posé, tout ce que cette mystérieuse puissance, cette
tyrannie occulte qui s'étend comme un vaste réseau
sur le monde entier, peut avoir d'antipathique et
d'effrayant.

Cette tactique aussi habile que déloyale, a
parfaitement rempli les vues de l'auteur du *Juif
errant*. Car il a su faire naître une vive et profonde
répulsion pour l'ordre des Jésuites, et, en même

temps, une espèce d'admiration pour la société dont il avait si bien pris les intérêts.

Ce roman, vrai tissu d'invraisemblances, a été traduit dans toutes les langues et répandu à profusion dans le monde entier.

Le public attendri autant que révolté en lisant le récit des souffrances imaginaires des victimes de Rodin, devait naturellement détester les principes qui le forçaient d'agir ainsi et l'Ordre qui employait d'aussi odieux moyens d'étendre son pouvoir et de s'enrichir. Il ne vint à l'idée à aucun des lecteurs de ce roman de remonter à la source où l'auteur avait puisé ce qu'on pourrait appeler la partie historique du Juif errant!...

En vérité, il est des gens qui semblent n'avoir appris à lire que pour se meubler l'esprit de toutes les erreurs, de toutes les calomnies déshonorantes pour le genre humain qu'on se plaît à répandre dans certains livres. Insensiblement, l'opinion se trouve si bien pervertie, le jugement si entièrement faussé qu'on ne sait plus distinguer le vrai du faux, le bien du mal.

C'est ainsi, par exemple, que l'on confond la

fraternité dont ces sociétés nous vantent les bienfaits, avec celle dont nous parle l'Évangile.

Celle-ci est universelle ; elle s'étend à tous les individus indistinctement. Idolâtres, juifs ou mahométans sont tous également secourus dans leurs misères ; soignés dans leurs maladies, consolés dans leurs afflictions, et avec autant de zèle et de charité que les chrétiens. Le missionnaire qui va affronter le martyre et la mort dans l'espoir d'arracher quelques malheureux à leur barbarie native, partage avec eux tout ce qu'il possède ; et alors même qu'ils se montrent rebelles à ses instructions, il suffit qu'ils soient malheureux pour qu'il les traite en frères.

Il en est tout autrement des sociétés qui s'environnent de mystères et qui exigent un serment. Les affiliés seuls ont droit à la protection et aux secours de leurs frères. L'esprit de fraternité dont on fait un si grand étalage ne s'étend pas au delà.

Oh ! qu'il est triste de voir des créatures qui prétendent chérir la liberté, s'enchaîner volontairement au service d'une cause qui leur est inconnue ; se rendre esclaves d'autres hommes dont la volonté deviendra leur suprême loi !..

L'esclave des temps antiques, quelque dure que fut sa position, pouvait conserver néanmoins toute la dignité de son caractère, car il n'avait point tendu servilement ses mains aux fers qui les étreignaient, et son âme était libre et fière. Mais l'esclave du temps moderne s'est livré lui-même, et rien ne peut l'arracher ni le soustraire à son indigne esclavage.

Non, rien, pas même la mort !

On a vu et on voit encore des malheureux qui, dans un moment de folle exaltation s'engagent, même par écrit, à ne faire aucun acte de religion lors de l'instant suprême où l'âme se sépare du corps. Bien plus, par suite d'une odieuse et cruelle interprétation de la liberté, ou bien encore d'une vanité monstrueuse, ils abandonnent leur misérable dépouille aux soins de quelques *frères et amis* dont l'âme est encore plus avilie que la leur, afin que ce qui fut une créature faite à l'image de Dieu soit ensevelie comme le cadavre des plus vils animaux, sans aucune des cérémonies et des prières si touchantes du culte chrétien.

Et, à la grande honte de notre époque, ces scènes ignobles, écœurantes, rencontrent des ap probateurs ! Des hommes, que le fanatisme anti-religieux a rendus stupides, se rient de la douleur des mères, des épouses, des enfants auxquels il n'a pas été permis de disposer du corps de l'infortuné dont ils déplorent l'aveuglement, mais sur lequel ils voudraient du moins attirer par leurs prières la miséricorde divine.

C'est non-seulement outrager les liens les plus sacrés, les plus respectables de la famille, c'est aussi pousser l'intolérance jusqu'à ses dernières limites, et les horreurs de l'esclavage antique pâlissent devant cet esclavage qui enchaîne la volonté du mourant et s'étend au delà des bornes de la vie.

On me dira, sans doute, que si quelques membres des Sociétés secrètes se laissent entraîner à de tels excès, la très grande majorité y demeure étrangère, que quelques-uns même les blâment hautement.

C'est possible, mais le seul fait de ne pas rompre ouvertement toute relation avec des gens capables de se livrer à des actes aussi odieux qu'insensés est une preuve de plus de l'avilissante tyrannie de ces Sociétés qui retiennent les uns et les autres dans les liens d'une fausse fraternité.

Au reste, cette tyrannie se fait également sentir dans toutes les conditions de la vie, depuis le chef de l'État jusqu'au plus humble employé. Le public lui-même en ressent les effets.

Demandez à ces écrivains qui se permettent d'insulter à tous propos ce que nous respectons; qui outragent les institutions et les hommes que nous vénérons; qui cherchent à ridiculiser nos croyances les plus chères, pourquoi ils en agissent aiusi?...

Ah, s'ils pouvaient répondre avec sincérité, ils diraient qu'ils y sont obligés pour se conformer à l'esprit du journal. Or, personne n'ignore que les principaux journaux, ceux qui exercent une très-grande influence sur le peuple, sont la propriété d'hommes appartenant aux sociétés secrètes; et, comme ce sont à peu près les seuls que lisent les classes populaires, les ouvriers, les commis, les petits employés, l'influence qu'ils exercent est, pour ainsi dire, souveraine sur l'espeit du lecteur. Ce sont eux, en un mot, qui forment et dirigent l'opinion publique. Qui donc oserait dire que la plume de ces écrivains est l'expression d'une pensée libre?

Les sociétés secrètes, aujourd'hui si puissantes, non-seulement en France et en Europe, mais dans le monde entier, peuvent être considérées comme le dissolvant le plus actif de la société chrétienne, et même de toute société librement organisée.

Cette guerre incessante et impitoyable faite au sentiment religieux, le plus pur, le plus élevé, dont la nature humaine soit susceptible, est profondément regrettable; car on ne détruit pas dans le cœur de l'homme la pensée de la Divinité sans affaiblir en même temps tout ce qui fortifie l'âme; ce qui la console au milieu des tristesses, des douleurs inévitables de cette vie. Afflictions qui sont le partage du riche comme du pauvre.

La pensée de la Divinité est la source de toutes les grandes et nobles actions. Retranchez cette pensée et vous enlèverez tout ce qui élève l'homme au-dessus de la brute.

Jamais le Grand Tout des panthéistes, ni le Grand Architecte, ni d'autres fastueuses appellations inscrites dans le code de certaines sociétés secrètes, ne remplaceront la simple et sublime idée d'un Dieu présent partout, invisible, mais accessible à tous, écoutant l'humble prière du malheureux, sachant punir le méchant et récompenser le bon.

Ravir toute espérance à celui qui souffre dans son âme ou dans son corps, en lui persuadant que la prière est inutile, c'est un crime.

Oter toute crainte de châtiment après la mort, c'est un crime plus grand encore, car c'est ouvrir toutes les voies à l'égoïsme, à la perversité humaine et déchaîner toutes les passions mauvaises. Le méchant n'ayant plus qu'à éviter d'être surpris par la justice des hommes pour se croire à l'abri de toute punition, ne songe pas qu'il ne saurait de même se dérober à la justice divine. Ses auteurs et ses journaux favoris lui ont répété si souvent : *Post mortem, nihil est.* Pourquoi donc se priver des jouissances de la vie et hésiter sur les moyens de se les procurer ?

Or, il n'est pas une de ces sociétés secrètes qui, sous le faux prétexte d'émanciper l'esprit humain, l'arracher à de prétendues superstitions, ne travaillent incessamment et avec une ardeur effrayante, à détruire tout sentiment religieux dans le cœur du peuple.

On me dira peut-être que j'exagère l'importance

de ces sociétés, ou que je leur attribue un but, des projets dont elles sont parfaitement innocentes.

D'abord, ainsi que je l'ai dit précédemment, je ne veux parler que de ces sociétés qui exigent un serment, qui agissent dans le mystère, dont la hiérarchie merveilleusement organisée exerce son influence sur les grands comme sur les petits. Cette espèce de gouvernement occulte, ces agissements ténébreux, cette puissance invisible dont les effets se font sentir sans qu'on voie la main qui les dirige, tout cela est de nature à inspirer la plus vive, la plus profonde antipathie à tout homme de cœur auquel la liberté est chère, et qui tient à maintenir intacte son indépendance. Car tout cet ensemble c'est l'inquisition dans ce qu'elle avait de plus effrayant. Elle n'élève plus de bûchers, il est vrai, mais ses moyens de domination n'en sont que plus redoutables.

Malheur à l'affilié qui enfreindrait ses ordres et qui divulguerait ce qu'elle tient à tenir caché. N'a-t-elle pas à son service les balles, les bombes et les poignards pour vaincre l'obstination des souverains ? Comment d'obscurs adeptes oseraient-ils résister à ses injonctions. Une puissance qui se fait sentir dans les palais des rois et des grands, serait-elle sans force dans l'humble demeure de l'artisan, si elle jugeait à propos de s'en occuper?

Je crois avoir suffisamment démontré l'extrème imprudence de ceux qui s'affilient à des sociétés secrètes, quelque dénomination qu'elles prennent. J'ai dit qu'une fois lié par serment, c'était pour la vie et que rien ne pouvait dégager l'initié de son esclavage. On pourra citer un certain nombre de membres qui semblent avoir cessé toute relation et être devenus, pour ainsi dire, étrangers à la société. Cette prétendue liberté n'est qu'une fiction ; elle n'existe qu'à titre de tolérance et, dans certaines circonstances, ceux qui se croyaient oubliés se sont vus, avec terreur, rappelés à leurs serments et contraints d'obéir à des chefs dont le pouvoir est absolu.

Napoléon III avait peut-être perdu toute souvenance des serments prêtés plus de vingt ans avant son élection à la Présidence, ou s'il s'en souvenait, il ne supposait pas, une fois parvenu au trône. qu'on oserait les lui rappeler. N'était-il pas souverain d'une grande nation et l'un des plus puissants monarques de l'Europe?

L'infortuné comte Rossi, si lâchement assassiné, pensait aussi que tout était oublié. Il y avait si longtemps qu'il s'était affilié! Le ministre de Pie IX pouvait même croire que son titre d'affilié le mettait à l'abri de toute violence; d'autant plus qu'il avait déjà rendu d'importants services à ses *frères et amis*. Ne leur avait-il pas ouvert, pour ainsi dire, les portes de Rome, et n'occupaient-ils pas déjà d'importantes positions dans la ville des Papes?

Que devait-il faire de plus?... Certes, on ne pouvait prétendue qu'il trahit entièrement la confiance du Souverain Pontife?

Et c'est pourtant ce que l'on exigeait de lui. Le malheureux ministre préféra la mort et la reçut sans même essayer de s'y soustraire, car on l'avait prévenu de la sentence portée contre lui.

On pourrait citer d'autres exemples tout aussi éclatants de la honteuse et dégradante tyrannie exercée par ces associations.

Ce qui s'est passé sous nos yeux devrait pourtant suffire à nous convaincre que, si des personnes occupant les plus hautes positions ne sont pas à l'abri de ce pouvoir exorbitant; si elles se voient forcées de céder à des exigences contraires à leurs devoirs les plus sacrés, à violer leur parole d'honneur, on avouera qu'elles sont moins libres que l'honnête homme de la plus humble condition qui a repoussé ces honteux liens. Et pourtant, ce sont souvent ces grands personnages qui affectent le plus ces airs de libres penseurs !

Mais, ainsi que je l'ai déjà dit, quand on voit de très grands personnages courbés sous le joug le plus humiliant, sans espoir de s'en délivrer jamais, comment de simples particuliers, d'obscurs bourgeois et ouvriers pourraient-ils se croire libres de refuser leur concours dans de certaines circonstances ?

L'Europe entière nous offre le spectacle étrange, inouï, dont nos ancêtres n'auraient pu se faire aucune idée ; celui d'hommes exerçant les plus hautes fonctions, rois, empereurs, présidents de républiques, ministres et ambassadeurs, forcés d'agir souvent contre leur conscience et même contre leur volonté, leur intérêt personnel et surtout celui des peuples soumis à leur autorité. L'antiquité n'a rien qui puisse être comparé à cet état de choses.

Citons encore quelques exemples.

C'est d'abord le nouvel empereur d'Allemagne, dont jadis on vantait l'esprit de tolérance, de conciliation. Il en avait donné des preuves, en effet; ses anciens sujets catholiques se souviennent encore de sa bienveillance parfaite, de son équité. Qui donc aurait pu prévoir qu'il deviendrait le plus ardent persécuteur, non seulement de ses nouveaux sujets catholiques, mais aussi de ceux qu'il protégeait naguère. Les nouveaux annexés s'étaient même figuré que sous l'empire ils se trouveraient à l'abri des petites persécutions de certains principicules, et cet espoir avait puissamment contribué à adoucir le regret que leur inspirait la perte de leur nationalité.

Quelle cause a donc pu altérer si profondément les bienveillantes dispositions du roi Guillaume?

C'est que dans l'espoir de parvenir plus tôt au trône impérial, objet de son ancienne et très-vive convoitise, ce prince s'était déjà affilié à l'une de ces sociétés secrètes dont j'ai parlé plus haut. Le serment qu'il avait prêté lors de son affiliation était à ses yeux de peu de conséquence. Devait-on supposer que l'empereur d'Allemagne serait tenu d'obéir, comme un petit bourgeois, aux injonctions d'un pouvoir occulte? Non; la pensée même d'une telle présomption ne pouvait entrer dans l'esprit d'aucun homme de bon sens; et encore moins dans la tête du roi Guillaume. Et pourtant il s'aperçut bientôt qu'il n'était point libre d'agir à sa guise, que bien que les chaînes qu'il portait fussent d'or, ce n'en était pas moins de lourdes chaînes. En un mot, c'est un esclave dont la brillante couronne pourrait bien se changer en une triste et doulou-reuse couronne d'épines.

Jusqu'à présent, son habile ministre a su lui persuader que tout se faisait d'après ses ordres; que sa haute intelligence dirigeait tout, que sa politique faisait l'admiration du monde entier; qu'il était adoré de ses peuples, même des catho-liques qui, au fond, lui savent un gré infini de les avoir débarrassés de quelques prêtres récalcitrants, et surtout des jésuites et des moines !

Un jour viendra, où Guillaume enviera le sor de ceux de ses plus humbles sujets qui peuvent librement suivre la voix de la conscience. Et ce jour est peut être plus proche qu'on ne le pense, pour l'honneur et le bonheur de l'Allemagne.

Un autre prince, non moins ambitieux, a précédé le roi de Prusse dans cette voie inique et violente. Ce prince, auquel on avait donné le surnom de roi honnête homme, a échangé ce titre contre une royauté acquise aux dépens de la plus vulgaire loyauté. Aussi, ne saurait-il tarder à servir d'exemple au monde de la fragilité de l'appui qu'on peut attendre de ces sociétés mystérieuses, car elles brisent sans pitié les instruments dont elles se sont servi, dès qu'ils sont devenus inutiles.

Au reste, les gouvernements républicains ne sont pas plus invulnérables à l'action des sociétés secrètes que les gouvernements monarchiques. La Suisse nous offre même en ce moment la preuve incontestable que cette action, pour être plus lente dans sa marche envahissante, n'en est que plus violente dans ses effets.

Il est des Suisses qui applaudissent à l'odieux esprit d'intolérance qui pèse si cruellemeut sur quelques-uns de leurs compatriotes, et qui, loin de protester énergiquement contre cette oppression tout à fait Bismarkienne, s'efforcent d'attirer sur d'honnêtes populations, dont le seul tort

est de vouloîr rester fidèles à la religion de leurs
ancêtres, toutes les rigueurs dont l'autorité fédé-
rale peut disposer en torturant les lois. Heureu-
sement pour l'honneur de ce petit pays, on trouve
même parmi les protestants, des hommes justes
et courageux qui flétrissent comme ils méritent
de l'être ces actes de sauvage tyrannie.

Mais oette haine pour la religion, qui fut pourtant celle de leurs pères, aveugle ces tristes persé-
cuteurs au point de les rendre plus despotes encore
que ne le furent jamais les Baillifs autrichiens,
d'odieuse mémoire; car ce ne sont pas des étrangers qu'ils oppriment, qu'ils dépouillent, qu'ils
chassent de leurs demeures; ce sont leurs propres
frères.

On ne peut que déplorer ce qui se passe chez
nos voisins ; mais ce spectacle ne devrait-il pas
nous servir de leçon ? Jusqu'à présent, nous n'a-
vons pris nul souci de la condition la plus essen-
tielle pour avoir des magistrats municipaux dont
l'impartialité ne puisse être mise en doute ; des
députés dignes de représenter la France. Comment
obtenir ces deux bases d'un bon gouvernement,
quand on néglige de s'assurer si ces magistrats,

ces députés n'ont pas déjà contracté des engagements contraires à l'impartialité des uns et à la dignité, à l'indépendance des autres ?

La première condition que les électeurs devraient exiger de ceux qui sollicitent leurs suffrages, c'est qu'ils ne soient affiliés à aucune société secrète, de quelque nature qu'elle soit. Or, c'est pourtant la seule chose qu'on ne demande pas. Comment peut-on donc, sans inconséquence, confier la défense des droits et des libertés de la nation à des hommes qui ont d'avance aliéné leur propre indépendance, leur propre liberté ?

C'est déjà une inconséquence coupable ; mais elle devient bien autrement grave, dangereuse, lorsqu'il s'agit, non plus d'un simple magistrat, ou d'un des sept cent cinquante membres de la représentation nationale, mais des chefs mêmes de la nation.

Ainsi, quelque éphémère que soit le pouvoir présidentiel, nous savons par expérience qu'il peut devenir très-dangereux dans certaines circonstances.

Que de malheurs eussent été évités, si de justes et légitimes précautions avaient été prises lors de la nomination à la présidence du prince Louis-Napoléon !

L'Empire n'eut pas été proclamé, la guerre d'Italie si funeste par ses suites obligées n'eut pas eu lieu.

Or, l'unification de l'Allemagne, la guerre avec la Prusse, l'invasion du territoire français, la perte de deux provinces et un accroissement de dette de plus de dix milliards, telles ont été les conséquences de l'affiliation du prince, de longues années avant sa nomination.

Si le peuple avait connu les antécédents de Louis Bonaparte, les obligations qu'il avait contractées jadis et qui le rendaient esclave d'une société étran-gère au bonheur, à la prospérité, à la gloire de la France, lui eut-il jamais confié un pouvoir qu'il n'était pas le maître d'employer selon sa cons-cience ?

Et c'est après de si cruelles épreuves, alors que le pays est affaibli, sans influence dans les Conseils de l'Europe, tourmenté au dedans par des partis violents, impitoyables, que l'on procéderait à la proclamation de la République, ou à la restaura-tion de la Royauté, sans s'inquiéter si le Président qui doit représenter la France libre et fière de ses grandeurs passées, est lui-même dans une indépendance absolue, s'il n'est lié par aucune promesse, s'il n'a contracté aucun engagement !... Si le prince n'est pas déjà affilié à l'une de ces sociétés secrètes dont la puissance domine les trônes, car pour régner sur un peuple libre, il faut être libre soi-même (1).

Espérons que la représentation nationale saura vaincre toutes ces difficultés; qu'elle aura le courage de résister aux menaces et assez de sagesse pour déjouer les intrigues qui paralysent son pouvoir et annulent ses plus généreuses intentions.

La conclusion de ce petit écrit est que, si le clérical se soumet à un ordre de choses dont il connaît la portée, il ne renonce point pour cela à sa propre liberté, à son indépendance comme citoyen; ses opinions religieuses ne pouvant blesser en aucune manière sa conscience, sa dignité d'homme libre, il n'a point à redouter de mystérieuses injonctions, ni les ordres d'un pouvoir occulte. Tout se passe au grand jour.

(1) Cet écrit devait paraître l'année dernière; les circonstances étant à peu près les mêmes, l'Auteur n'a pas cru devoir y apporter aucun changement.

D'un autre côté, si le vrai libre penseur ose franchir les bornes de toute vérité pour suivre la pâle lueur de sa raison, qui l'entraîne souvent dans des régions inconnues, où il ne peut que s'égarer ; s'il se prive ainsi lui-même de tout espoir d'un consolant avenir, il n'en repousse pas moins énergiquement tout ce qui pourrait porter atteinte à sa liberté comme à celle des autres.

Il n'en est pas de même de ceux qui se posent en libres penseurs, afin de donner pleine carrière à leurs passions. On a pu comprendre par ce qui précède à quels dangers on s'expose en leur confiant la direction des affaires publiques, car l'autorité n'est plus entre leurs mains qu'un instrument de despotisme au service des sociétés secrètes.

Paris. — Imp. A. Azur et Cⁱᵉ, boulevard Montparnasse, 90.